祖逖北伐

祖逖北伐

何茲全 著

中和出版
OPEN PAGE

出版緣起

我們推出的這套「大家歷史小叢書」，由著名學者或專家撰寫，內容既精專、又通俗易懂，其中不少名家名作堪稱經典。

本叢書所選編的書目中既有斷代史，又有歷代典型人物、文化成就、重要事件，也包括與歷史有關的理論、民俗等話題。希望透過主幹與枝葉，共同呈現一個較為豐富的中國歷史面目，以饗讀者。因部分著作成書較早，作者行文用語具時代特徵，我們尊重及保持其原有風貌，不做現代漢語的規範化統一。

中和編輯部

目錄

導言

「北伐」是一個在中國文化中具有明顯傾向性的詞彙。在古代，它彷彿具有天然的正義性——被迫離開中原、在南方另建新巢的政權興師北伐，無不以光復故國，救民於水火為口號。他們強調自己是中原文化與正統政權的繼承者，收復失地、還定中原是他們必須承擔的政治責任。按照這個自我定位，「北伐」的必要性與正當性不言而喻。

然而，這些政權發起的北伐之戰，多數只是和北方政權爭奪土地、人口或是海內獨尊的正統名號，「解民於倒懸」似乎從未真正落實過。

在南北分裂的時代，通過北伐來宣示自己對中原地區擁有統治權，也是南方政權在樹立自身正統地位時常用的方法。不過，這種標榜正統的方式，也使北伐成為傳統文化中極具特色的一個現象。當我們談起分裂時代的戰爭時，「北伐」往往可歌可泣，而「南征」不但很少被正面描述，甚至這個詞彙也很少被使用。究其原因，恐怕問題在於「北伐」被視為正義之舉，「南征」則往往被當成「南侵」。

自秦漢之際匈奴勃興於北境，中原政權每每受到來自長城以外的壓力，而從漢末開始，北方鐵騎一次次南下，「衣冠南渡」之事便也反覆上演。中原文化由此產生了應激性，將「北伐」的意義上升到以軍事行動保衛華夏文明、使這一古老文明得以延續的高度，原有的爭奪土地、人口與名位的戰爭便成為一種文化符號。「北伐」被視為正義行為，正是其符號作用所帶來的效應。世代相傳的歷史講述，不斷強化着危機意識，也不斷提醒我們應嚴守「中原」立場。直至今日，這種態度也未發生根本的改變，可見古代正統觀對當下歷史敘事的影響。

作為文化符號的「北伐」為世人稱道，但要讓這一符號人格化卻並不容易。若一種文化符號無法人格化，那麼它對後世的影響就會極為有限。孔子被塑造成聖人與先師，黃帝被視作華夏初祖，就連文字的發明也要歸結到倉頡一個人身上，無不是將文化符號人格化的結果。「北伐」不易被人格化，主要是因為南方政權發動的戰爭與其他的政權間爭鬥並無不同，很難找到文化意味，而能夠作為捍衛華夏文化的典型事件與人物，卻又基本出現在北方政權進攻時的保衛戰中。

兩千餘年的王朝史裡，真正令人印象深刻、積極且正面的北伐代表，恐怕就只有祖逖與辛棄疾。值得玩味的是，這兩個人的北伐行為與信念，與他們各自所在的政權關係都不大。這樣的孤憤英雄，在中原文化風雨飄搖之時挺身而出，而不是倚仗某一皇帝或王朝，才足夠成為存續中原文明的代表。

辛稼軒一生對北伐思之念之，懷有濟世之才卻壯志未酬，只能將胸中百萬兵盡寫在詞中，欄杆拍遍後也要「醉裡挑燈看劍，夢回吹角連營」；祖逖同樣未能實現收復中原的理想，但他組織的北伐卻對當時的北方政權產生很大震懾作用，就連對手也對他十分欽佩。唐人修《晉書》，稱讚他「克復九州之半」，已是極高的評價，「聞雞起舞」與「擊楫中流」的故事更是彰顯了他的個性。

「北伐」的舞台上少不了祖逖，就像「興復漢室」的路上必須有諸葛亮一樣。可惜，談起這位公元四世紀的北伐豪傑，多數人還是停留在「聞雞起舞」「擊楫中流」這類片段故事上，對於他本人，和他所在的時代，卻少有了解。

何茲全先生所寫的《祖逖北伐》，曾作為「中國歷史小叢書」的一種，在二十世紀八十年代初出版。後來作為中國歷史基本讀物的《上下五千年》在當時剛剛推出，且是以事件為主，已經對教科書式講授歷史不滿的讀者，也希望看到以人物為中心的歷史普及類著作。這部原稿不滿一萬字的小書正符合了這一需求，用淺近的語言將祖逖的生平及其政治作為進行了詳細描述。不僅如此，書中還用相當的篇幅介紹了魏晉時代的基本社會狀況，以及引發西晉滅亡、北人南渡的政治背景，勾勒出了祖逖個人生命軌跡所在的時代坐標系。

一般來說，講述以人物為中心的歷史時，在聚光燈下的基本只有主人公，其他人物至多是配角，作為背景因素的時代與政治信息則往往被作者有意無意地虛化，這樣才顯得主角卓爾不群、形象高大。何先生的寫法則不同，無論是《祖逖北伐》，還是其他有關歷史人物的文章，都盡可能地將這些人物放回到他們所在的時代環境中。這樣一來，英雄與名士們都顯得不那麼神秘，似乎少了些許魅力，但卻讓他們長久以來被各種文學描述與政治敘事所掩蓋的廬山真面得以顯現。《老子》有所謂「信言不美」之語，正可視為史學思維與文學筆法、政治宣傳的分界。這本《祖逖北伐》雖是普及歷史常識之作，但仍體現了史學的基本精神。

十幾年前，何先生曾在閒聊時提起往事，說自己的啟蒙老師服膺桐城派的文風，他受此影響，文章也寫得十分簡潔，別人能寫幾萬字的題目，自己寫幾千字就結尾了。這說法一半是實情，另一半也是自謙之詞。除了簡要這一特徵，桐城文法也講究謀篇佈局，下筆絕無與主旨無關之言。在這本小書中，與祖逖相關的時代與政治信息也是如此。

這些信息其實回答了幾個最基本的問題：為甚麼西晉王朝會滅亡，中原會被北族所控制？為甚麼祖逖會有堅定的北伐信念，能夠組建起一支追隨他的隊伍？為甚麼東晉政權建立之後，祖逖卻依然形單影隻地獨撐北伐局面且最終失敗？在基礎教育階段的歷史課上，後兩個問題常會被祖逖的愛國情懷這一抽象且有些空洞的説法搪塞過去，《祖逖北伐》則用交代背景的方式，將流民在東晉政權中的地位及其北伐熱情、西晉滅亡後豪族強宗與塢堡具有的特殊社會意義與政治影響、東晉初年的政治格局與祖逖在其中的身份等學術問題娓娓道來，將祖逖的個人情懷與他所生活的時代、所在的社會階層所抱持的觀念相聯繫，將其個人行為與具體的政治局勢相聯繫，讓那個時代不再是模糊的背景，讓祖逖個人不再是抽象的文化與政治符號。

中國古代社會史是何先生最關注、取得最多成就的學術領域，對於中古時代的經濟形態、社會分層、依附關係以及在此框架上搭建起的政體、思想與學術，他有很多獨到且深刻的見解。這些看法也在這本書中有所體現。在講到自己的相關觀點時，他並沒有使用難懂的專業詞彙或大段的理論，而是在具體史實的基礎上進行講說。歷史普及作品應採取的寫法，大概就是這樣吧。

寫作這部書的時候，正是「文革」結束、何先生回到教學與研究崗位的年代。當時，他既要上課、撰寫學術論著，又要參加各類學術會議與學術考察活動，還時常到各地講學。在排滿的日程裡，他抽出時間寫下這部《祖逖北伐》，可見普及歷史常識在他心中的地位。在二十世紀九十年代出版的《三國史》序言中，他也提到過編寫教材和通俗讀物的意義，後來，這個想法在《愛國一書生》中再次被提起，而且更為明確：將計劃中的學術著作完成後，他準備寫作通俗歷史小說。

重視對史學常識的普及，與何先生的人生追求有很大關係。他曾積極參與政治，也主辦過《教育短波》和政論刊物，自己也寫過關於政治局勢與國家前途的政論。編訂《何茲全文集》時，他曾有過將這些早年的非學術文章收錄進來的打算，後來因難以集全而作罷。但可以看出，他的精神家園不只是書齋，治學論政，開啟民智，都是他的理想。有這樣的追求，向社會傳播歷史常識、推廣傳統文化，也被他視為理所應當的責任。

遺憾的是，何先生寫作通俗歷史小説的心願最終未能實現，他普及史學常識的作品，也只留下了若干在《文史知識》等刊物上發表的文章，和這一部書。

《祖逖北伐》從初版到今天，已經過去了三十多年。這些年裡，書中提到的一些問題，學界有了新的看法，行文風格上，近年來走紅的普及類歷史讀物所具有的華麗文風也和這本書較為質樸的寫法有一定距離。不過，因為立足於《晉書·祖逖傳》等基本材料，以何先生自己對魏晉時代的政治與社會的看法為基礎，所以在基本觀點的闡述和歷史線索的梳理方面，此書自有其價值。

需要說明的是，因為書的主題是「北伐」，一些與北伐關係不大的內容，比如祖逖對王敦的態度等細節，在書中並未細講。而一些不大光彩的行為，比如他放縱下屬劫掠時的言論，也做了淡化處理。

最後，要感謝孔伊南編輯，在她約我寫這篇導言之前，我並未讀過這本書。這段時間，反覆讀這本薄薄的小書，並將它與何先生其他的史學普及之作對讀，算是做了一次補課。讀的時候也總在想像，先生如果自己把這些內容講給我們，將是甚麼情景。

猶記得博士剛畢業時，一次去先生家中閒聊，大家說起當時非常走紅的一檔電視節目中與三國史有關的內容。先生坐在書桌前認真聽着，偶爾用手攏住聽力欠佳的耳朵，讓我們重複一遍剛剛說過的話——在他的心裡，對普及史學常識的消息一直非常關注。現在這本書重新出版，若他還在世的話，想必也會很欣慰吧。

張耐冬

一　「聞雞起舞」

在一千六百多年以前，即西晉（二六五—三一七年）的時候，北方有一對青年人。他們是很要好的朋友，兩個人都很有志氣，有愛國心。

晉武帝（二六五—二九〇年在位）晚年時，國家表面上還是一片太平景象，但實際上已是危機四伏了。有錢的人窮奢極侈，廣大農民卻窮得連一餐飽飯也吃不上。國家的賦役負擔，完全壓在勞苦人民身上，迫使他們走上了飢寒交迫的絕路。住在內地的少數民族人民的命運也是這樣。這種情況已不是甚麼秘密，比較有識見、有閱歷的人，都預感到天下要大亂了。

公元二八九年，一個寒冷的夜裡，這兩個青年正在睡夢中，忽聽得一聲雞叫。一個青年猛地披衣而起，推醒另一個青年，喊道：「越石！越石！你聽！這不是很討人厭的聲音嗎？」當時正是夜半時分，人聲寂靜，這兩個青年想到國家的局面不穩，倍感憂憤，一時都湧上心頭，就再也睡不着了，於是便舞劍練身，以排除心裡的憂悶。這就是有名的「聞雞起舞」的故事。

上面說的這兩個青年，一個叫祖逖，一個叫劉琨，越石是劉琨的字。後來在西晉末年，天下大亂的時候，兩個人都做了一番事業。現在我們不談劉琨，單來介紹祖逖。

祖逖是西晉范陽郡遒縣人。西晉時的范陽郡，大體上在現在北京以南，保定以北這一帶地方；遒縣在現在淶水縣境內。祖家是遒縣的大

聞雞起舞

姓，上代做過郡太守①一類的大官。祖逖的父親就做過上谷郡（今河北懷來一帶）的太守。

祖逖兄弟六個，父親早逝。他從小跟着哥哥們生活。祖逖小時不大肯讀書，歡喜交結朋友，不拘小節。他的哥哥們都很為他擔心。其實祖逖並不是個荒唐的人，他的不拘小節，歡喜交遊，正表示他不願受世俗禮法的束縛，是個有英雄氣概的人。他又輕財好義，常常把穀米、布帛分散給窮困的親戚和鄰居。到十四五歲以後，他才開始用功讀書。

西晉政權是依靠豪族地主的支持而建立起來的，自然要給豪族地主們一些好處。豪族地主的勢力，便更加膨脹起來。西晉政府明令規定依照官僚地主們官品的高低，可以佔有一定數量的土地，以及一定數目的佃客和衣食客②。因而，當時的官僚地主階級有權、有勢又有錢，生活非常豪華奢侈，荒淫腐朽。有一個名叫何曾的大官僚，一頓飯要吃一萬錢，還搖着頭說吃得太壞，沒有可以下筷子的地方。他的兒子何劭更荒唐，一頓飯要吃兩萬錢。一萬兩萬錢在當時等於一個小農家庭的全部家產。他們這樣豪華奢侈的生活，全部是靠農民供養。農民負擔不了，被逼得走投無路，就只有流亡或起來反抗了。

自從漢朝以來，有些匈奴人和羌人已逐漸遷徙到邊塞以內來。到了晉朝，在現今山西、陝西一帶，到處是和漢人雜居的匈奴人和羌人。惠帝時一個官員江統，估計當時關中地區（今陝西中部一帶）共有一百多萬人口，其中就有一半非漢人，而并州（今山西中部一帶）更到處是匈奴人。

漢族地主階級對待這些雜居內地的各族人民也非常殘暴，看不起他們，侮辱他們，強迫他們做佃客，掠賣他們做奴隸。太原一帶的豪族地主，多以匈奴人為佃客，有的一家有幾千人。皇族司馬騰做并州刺史時，為了籌集軍餉，曾經公開劫掠匈奴人，兩個人套在一個枷板上，運到山東去賣做奴隸。因此這些少數民族的人民，對漢族地主恨入骨髓。

武帝死後，他的兒子惠帝（二九〇—三〇六年在位）做了皇帝。這個皇帝的愚蠢無知，在歷史上是出了名的。他聽說很多地方的人民沒有飯吃，快餓死了，他很奇怪，問他的侍從說：「沒有飯吃，為甚麼不吃肉粥呢？」

武帝在位時，為了鞏固自己的統治地位，曾經採取大封宗室的政策，分封自己的兄弟子侄們，在各地建立很多王國。一些最親近的大國的王，往往還兼任一方的地方官，凡是這一方的行政、軍隊都歸他管。哪裡知道這些人為了爭權奪利，就自相殘殺起來，造成「八王之亂」③，前後歷時十六年，死了三十多萬人。整個西晉的統治就大大削弱了。

「八王之亂」的結果，更增加了人民的痛苦。先是農民們成群結隊到處流亡，跟着是為飢寒所迫，起來暴動。後來少數民族也乘機起來反抗，整個中國北部陷入歷史上空前未有的大混亂。

最先起事的是匈奴族的劉淵，隨後又有羯族的石勒。這些人因為受過漢族地主的壓迫和侮辱，認為報仇雪恨的機會來了，於是到處對漢人進行報復，屠殺漢人。當初漢族地主們作下的孽，卻落到無辜的老百姓頭上來，要老百姓替他們還債了。

劉淵、石勒等起兵，原是反抗漢族地主政權的殘暴統治；因為這些少數民族多年來一向給豪族地主當佃客或奴隸，主要還是社會階級間的鬥爭。但是在劉淵、石勒建立政權以後，他們就對漢族人民進行報復，實行更殘暴的統治，變成民族之間的鬥爭了。

劉淵死後，他的兒子劉聰攻下洛陽和長安，把西晉的懷帝（三〇七—三一三年在位）和愍帝（三一三—三一七年在位）先後捉了起來。

這兩個晉朝皇帝在劉聰那裡都受盡了侮辱。劉聰和他的部下舉行宴會，讓懷帝穿了青衣行酒。劉聰上廁所，讓愍帝執蓋④。懷帝、愍帝被俘後，西晉政權就滅亡了。這時，皇室的另一支琅邪王司馬睿在建康（今南京）建立政權，歷史上稱作東晉（三一七—四一九年）。

這就是祖逖青年時代的歷史環境。一個有愛國心的青年，目睹人民的疾苦，感慨時局艱危，無怪他要聞雞鳴而起舞了。

注釋：

① 太守，官名，是一郡的最高行政官員。

② 佃客，是依附地主給地主耕種土地的農民，實際上等於農奴；衣食客，是為豪門貴族服務的門客。

③「八王之亂」是西晉皇族爭奪政權的鬥爭。八王是汝南王亮、楚王瑋、趙王倫、齊王冏、長沙王乂、成都王穎、河間王顒、東海王越。

④青衣是當時下賤的人穿的衣服；行酒是給參加宴會的人斟酒。執蓋，就是拿馬桶蓋。

二　江南避亂

在北方大混亂的時代，原在北方的豪族地主，特別是一些大官僚大貴族，都帶着全家人口，逃往長江以南去了。有些老百姓為了活命，只要有辦法，也紛紛流亡到江南。當時黃河中下游的人口，逃往江南去的估計約有八分之一。

他們逃往江南有兩個目的地：一個是荊州（今湖北、湖南兩省以及河南、四川、貴州等省的一小部分）一帶；一個是揚州（今長江下游的江蘇、浙江和安徽南部）。由於人口增多，這兩個地區首先發展起來了。

揚州是官僚貴族們特別喜歡的地區，因為那是一個富庶的地方。司馬睿（三一七—三二二年在位）在建康建立了政權，他們到這一帶地方去，既可以得到土地，又可以做官。

司馬睿是司馬懿的曾孫，琅邪王司馬伷的孫子。司馬睿十五歲時，父親死了，就襲爵為琅邪王。當西晉「八王之亂」時，他沒有參加那一場混戰，先後在徐州、揚州做官。公元三〇七年，他被任命為安東將軍、都督揚州諸軍事[①]。當時他接受了王導[②]的建議，移駐建康。王導還建議司馬睿廣納南北豪族，招攬天下英雄，爭地利，爭人和，只等天時一到，就可以穩穩地取得皇帝的位置。司馬睿聽了他的話，終於在建康建立了他的小朝廷。

這時候祖逖也率領着他的宗族、鄉親、部曲[③]和奴隸們，一起逃往南方。一路上，祖逖表現出和別人不同的氣度。別的貴族官僚，都只講究自己的吃用，自己坐車子讓別人走路。祖逖卻不是這樣。他把車子讓給同行的老弱乘坐，自己和年輕力壯的人一起走路；他又把自己的糧食、衣物拿出來，分給別人吃穿使用。因此同行的人對祖逖都很敬愛。

祖逖到了江南，就在離建康不遠的京口（今江蘇鎮江）住了下來。京口是一個重要地方，雖然人口沒有建康多，政治上也沒有建康重要，但地勢險要，正是建康的門戶。許多從北方逃來的大族多住在京口。

祖逖帶着他的宗族、鄉親和部曲，來到這個新的地方，先做了一番安頓。由於祖逖從小講義氣，結交很多朋友，跟隨他來的人就特別多。這些人到了京口，因為生活困難，又看見那些地主官僚人家，天天吃肉飲酒，心裡很不平。他們就到那些富豪們聚居的南塘（屬於京口的一個小地方）去搶劫，有時被官府逮捕了，祖逖就盡力營救他們。那些富豪們因此對祖逖很不滿。

祖逖把車子讓給同行的老弱者，自己和年輕力壯的人一起走路

注釋：

① 都督揚州諸軍事，是個軍職，即揚州最高的軍事長官。

② 王導是東晉的宰相，為晉代南遷最早的大地主。

③ 部曲，是私人的武裝隊伍，有時佃客也稱部曲。

三　北伐

祖逖雖然也逃往江南，但目的和別的官僚貴族不同。他不是為了貪生怕死，或者想到江南小朝廷去做官，而是另有抱負的。他因為北方大亂，一時站不住腳，才不得不先到南方存身，但更重要的是恢復中原地區。祖逖把這個希望寄託在司馬睿的身上。

祖逖到了江南，司馬睿任命他為軍諮祭酒①。後來他去見司馬睿，對司馬睿說：「這次亂事，是由於宗室爭權，自相殘殺。結果被戎狄②趁火打劫，使中原百姓陷於水深火熱之中。現在中原的百姓，受不了他們殘暴的壓迫，都想起來反抗。如果大王（當時司馬睿還沒有正式稱皇帝，還是琅邪王，所以稱他大王）能給我命令，讓我去統率他們，他們一定會起來響應。這樣，失地就一定可復，國恥就一定可雪。」

這時候，司馬睿剛剛佔住江南，一心要鞏固這塊地盤，根本無意北伐。但北伐這個題目很大，而且可以爭取人心，既然祖逖提出來，是無法拒絕的。司馬睿答應了祖逖的請求，任命他為豫州（今河南東部及安徽西部）刺史③。但並沒有給祖逖一兵一卒，也不給兵器，只給了一千人的廩布④三千匹，要祖逖拿他原來帶到江東來的人做班底，自行招募人馬，鑄造武器。

祖逖領了豫州刺史這個空頭銜，回到京口，從他的宗族、鄉親、部曲中挑選了一百多家，渡江北進。船行到長江中心，祖逖眼看着滾滾東流的江水，美麗如畫的江山，想着受苦受難的中原父老，不禁慷慨激昂地站在船頭，對着部下，擊楫發誓説：「祖逖不能掃清中原，寧死不再回江東！」部下們見祖逖如此激奮，都深受感動。這就是「擊楫中流」的故事。

祖逖到了淮陰，一面造爐鑄造兵器，一面招募和訓練軍隊。不久就招到兩千多人，操練一個時期以後，逐步向豫州推進。

這時，豫州地區的黃河南北，有兩個勢力：一個是羯族石勒，一個是一些漢人塢主。

羯族是匈奴的一支。石勒原居武鄉縣，青年時被西晉的貴族并州刺史司馬騰掠賣到山東茌平做奴隸，為地主種地。後來被放免了，還留在當地做雇工。茌平附近有晉朝政府的一個馬場，是政府養馬的地方。石勒和這個馬場的牧率⑤汲桑常常來往，汲桑很賞識石勒的才能。劉淵率領匈奴人起兵，石勒跟隨汲桑率領牧人和附近群眾起來響應。石勒很會

祖逖擊楫發誓說：「祖逖不能掃清中原，寧死不再回江東！」

打仗，沒有幾年時間就發展成為黃河下游（今河北、山東、河南一帶）一支強大的武裝勢力。他在名義上接受劉淵的命令，實際上是獨霸一方。

塢堡是留在北方的漢人的武裝組織。上面說過，北方少數民族最初起兵反抗晉朝的統治，後來就把對統治階級的仇恨轉移在漢族人民身上，不分青紅皂白地亂殺漢人，這就給北部中原地帶的人民帶來極大的災難。在大亂中，很多豪族地主逃往南方，一般人跟着他們逃的也不少。但大部分人沒法逃，只好自己組織起來保衛自己，搞起塢堡來了。這種組織有好些不同的名稱，有的叫「塢」，有的叫「堡」，有的又叫「壁」或「壘」。塢、堡、壁、壘都指比較堅固的城堡。沒有敵人的時候，人們在城堡外邊耕田種地；敵人來了，就堅壁自守，貯足了糧食，不怕敵人長期圍困。

塢堡組織的首領，稱作塢主或堡主。塢主或堡主多半是當地的地主。這些地主有力量建塢自守，遠近的流亡散戶都來依靠他們。人越聚越多，力量越來越大，塢堡組織也越來越堅強。也有一部分塢主、堡主是在戰鬥中表現了才能，為大家所佩服，經大家推選出來的。

在祖逖進入黃河以南地區的時候，西晉的統治雖然已經垮了，但羯人的統治還沒有完全建立起來，東晉的統治力量也還沒有到達這個地區，因此到處是塢、堡、壁、壘的組織。

這些星羅棋佈的塢堡組織情況很複雜。有的心向東晉皇室，有的懾服於石勒的兵威，也有的想割地自守。他們之間，不相統屬，甚至互相猜疑，有機會就互相吞併。

這就是祖逖來到黃河以南時的情況。在這樣的情況下，如何團結塢堡主發展自身的力量，逐步削弱敵人的力量，爭取勝利，就成為祖逖首先要解決的問題了。

注釋：

①官名，即軍事參謀的首腦。

②戎指西戎，狄指北狄，都是古代漢族人對邊疆少數民族侮蔑性的稱呼。

③官名，一州的地方長官。

④廩布是公家發給的布匹。

⑤官名，管理牧場事務的頭頭。

四　團結和進取

祖逖北上時，只帶着從他的宗族、鄉親、部曲中挑選出來的一百家。到了淮陰，也只招募到兩千人。當時的石勒，以襄國（今河北邢台縣）、鄴（今河北臨漳西南）為根據地，佔有黃河南北廣大地區，勢力很強盛。地方的塢堡則像一盤散沙，各不相屬。祖逖覺得要發展自己的力量，首先就要很好地團結這些分散的地方勢力。

祖逖第一步就是團結這些塢堡主，把他們爭取到自己這一邊來，同時協調他們之間的關係，使他們能團結合作，共同抵抗石勒。祖逖進入豫州以後，經過大力爭取，這些互相對抗的塢堡，逐漸團結在他的周圍，聽從他的命令，形成了一個比較統一的力量。當時在司州、河內一帶（今河南西部和山西南部）有幾個有勢力的塢主，李矩、郭默，還有一些地方勢力，常常你打我，我打你；祖逖也派人對他們說明大義，勸他們和解。這些人聽了祖逖的話，都很受感動，就互相和解了，同時都表示願意接受祖逖的指揮，共同對付敵人。

祖逖對於部屬的態度，更是開誠佈公，愛護他們。他能夠與將士同甘苦，使將士們感到親切。對於新來歸附的人，他能夠很好地安撫他們。對於關係比較疏遠的也能夠以恩禮接待。他這種對人的態度，發揮了很大的團結作用。

有一次，祖逖和一個投靠石勒的塢主樊雅作戰，另一個塢主陳川派部下李頭帶兵來援助祖逖。結果這一仗打勝了，並且把樊雅一匹很好的戰馬也俘獲過來。李頭在這次戰爭中，作戰很勇敢，立下大功。他很喜歡那匹戰馬，口裡卻不敢說。祖逖知道了，就把那匹馬送給了他。李頭很受感動，事後對人說：「在祖將軍帳下效勞，雖死也不恨。」祖逖的部下聽了這話也很受感動，人人願意為祖逖效忠，努力作戰。祖逖在黃河以南的勢力，逐漸壯大起來了。

祖逖作戰很勇敢又很堅定。有一次樊雅在夜裡派兵偷襲他的營壘，一部分人直衝殺到他的軍帳門前。當時大家都替祖逖擔心，祖逖卻神色不動，毫不驚慌地指揮軍隊，把偷襲的軍隊打退。

祖逖又很能運用計謀，出奇制勝。

原來援助過祖逖的塢主陳川，心胸狹隘自私。他聽到自己的部下李頭很感激祖逖，十分妒忌；等李頭回去，就把他殺了。這件事引起李頭部屬的憤怒，他們就離開陳川，投到祖逖這裡來。陳川又遷怒到豫州人民身上，派兵在豫州各地搶劫人民的財物，還俘掠大批人去做奴隸，並投降石勒。祖逖就派軍隊在半路邀擊陳川的軍隊，把所有被掠的人都救了回來。

不久，石勒派石虎率領五萬大軍來援救陳川。祖逖和石虎在浚儀（今河南開封西北）地方打了一仗，石虎站不住腳，不得不把陳川和他的部眾遷往襄國，而把自己的部將桃豹留在浚儀城。祖逖的軍隊和桃豹的軍隊各佔着浚儀城的一半。祖逖的軍隊佔着城的東半邊，由東門出入；桃豹的軍隊佔着城的西半邊，由南門出入。這樣對峙了四十多天，雙方都感到缺乏糧餉，不好維持了。

於是祖逖又想了一個計策，令士兵用糧袋裝上沙土，派一千多人來往往像運糧一樣，一口袋一口袋地往城上運。另外又派了幾個人，擔着糧食，故意在大道上休息。桃豹的軍隊看見了，就擁過去搶。祖逖方

祖逖又想了一個計策，令士兵用糧袋裝上沙土，
派一千多人來來往往，像運糧一樣往城上運

面的人假裝敵不過，丟下糧食跑了。桃豹的軍隊把口袋搶去一看，都是好米，就以為祖逖的軍隊糧食充足，可以久守，自己軍中的情況遠遠不如，於是軍心大為動搖。這時正好石勒派人帶着一千多頭驢送糧食來。祖逖又派人埋伏在半路上，把這些糧食完全奪了過來。桃豹聽說自己的糧食被奪，再也待不下去，就連夜逃去，結果祖逖完全佔領了這個城。

祖逖又懂得攻心為上的道理，每次對敵作戰，總想盡法子瓦解敵人的軍心。黃河沿岸的塢堡原來大半都已屈服於石勒，而且大都有質子①在石勒那裡。祖逖的勢力發展到黃河沿岸，就宣佈只要這些塢堡主不是死心塌地跟着石勒走，願意暗中接受他的命令，就允許他們暫時在表面上仍屬於石勒。為了不使石勒疑心，祖逖還時時派軍隊假裝向這些塢堡攻擊。因此這些塢堡主對祖逖非常感激，有甚麼情況，他們就馬上報告祖逖。所以在軍事上，祖逖總居於主動地位，常打勝仗。

為了瓦解敵人的軍心，取得敵人佔領區人民的擁護，祖逖又採取優待俘虜的辦法。有一次他的巡邏兵在邊界上俘獲了一個石勒地區的人。祖逖很好地款待這個人，並曉以大義，然後把他放了回去。不久，由於這個人的宣傳，就有許多人從石勒地區偷跑到祖逖這邊來。

由於軍事上和政治上的成功，祖逖的勢力逐漸發展起來，佔領的地區也逐漸擴大了。他的前鋒北達黃河沿岸，西到廣武、虎牢一帶（今河南鄭州以西）。黃河以南的土地，已完全被祖逖佔領了。

石勒非常害怕祖逖，特地派人到祖逖老家，給他修祖墳，藉以討好祖逖。又寫信給祖逖，希望互派代表，進行互市②。有一次，祖逖這邊有個人投降了石勒。石勒馬上把這個人殺掉，把頭送給祖逖，並且說：「我最恨叛臣逃吏，將軍所痛恨的人，正也是我所痛恨的人。」

石勒這樣做，原來想軟化祖逖，可是祖逖並沒有中他的詭計。通過互市，石勒方面得到好處，祖逖方面也獲得很大的利益，財力大大充實起來，更積極準備向河北推進了。

注釋：

① 質子，就是人質。服從石勒的塢主，要派自己的子弟住在石勒那裡。如果有人背叛，就把他的質子殺掉。

② 互市，即互相進行貿易。

五　黎民歌頌

祖逖不但能團結塢堡，親近士兵，更重要的是他還能依靠人民，善於採取措施，保護生產，恢復生產。祖逖自己的生活非常樸素節儉，不愛財，不蓄資產。他的子弟都親自參加耕作，或上山打柴。

豫州的百姓對祖逖都很敬愛。有一次，他們舉行盛大的宴會，表示對祖逖的感激。宴會中，他們歌唱道：

幸哉遺黎免俘虜，

三辰既朗遇慈父。
玄酒忘勞甘瓠脯，
何以詠恩歌且舞。

這首歌的意思是：真僥倖啊，我們這些老百姓沒有當了俘虜！黑夜過了，光明來了，祖將軍像慈父般保護着我們；我們今天飲美酒，吃甜瓜，啖果脯，該怎樣來頌揚祖將軍的恩德呢？舞了又歌，歌了又舞！從這首歌裡，可以看出當時中原人民的心情：從劉淵、石勒起事，到這時已有十多年了。在這十多年中，中原人民沒有過一天好日子。今天這個來搶一陣，明天那個來殺一陣。人們四散流亡，土地大量荒蕪。能夠活下來的，真是九死一生。現在祖逖來了，他能夠愛護人民，保護生產，率領着軍隊和人民抗禦石勒的侵擾。這完全符合當時人民的要求，因此

有一次他們置酒會，又歌又舞，表示對祖逖的感激

人民這樣歌頌他。

不料祖逖在中原的發展，竟引起司馬睿的猜忌。這時司馬睿已經正式做了皇帝。對於祖逖的北伐，他本來不贊成，但因為在道理上不能反對，所以勉強同意了。現在聽說祖逖在北方深得民心，司馬睿就很不放心，怕他的勢力發展太大，自己不能控制他。這時在長江上游的王敦，佔據荊州，已經不聽司馬睿的號令；如果再來一個強大的祖逖，那就更吃不消了。因此司馬睿派了一個親信人物戴淵做征西將軍，都督司、兗、豫、并、雍、冀六州[1]諸軍事。祖逖這時是鎮西將軍，豫州刺史。戴淵恰好是祖逖的頂頭上司，直接管轄着他，可以控制他的勢力。對此，祖逖極不高興。

由於司馬睿和王敦之間的矛盾逐漸顯露，也使祖逖很憂心。司馬睿在江東的地位，本來靠大族王導、王敦兄弟的支持。當時有這樣一句話，說是「王與馬，共天下。」「馬」是指司馬氏，「王」就是指王導、王敦兄弟。就在司馬睿開始做皇帝，群臣朝賀的時候，司馬睿還表示非常謙謹，要王導和他一起坐在皇帝座上。可見王家勢力之大。後來司馬睿想逐漸引用他的親信，疏遠王氏，排斥王氏。王導是個老成持重的人，還沒有甚麼表示；王敦就不行了，憤怨之情漸漸顯露，想把司馬睿推翻。如果王敦真的造起反來，就不免一場內戰。這就使祖逖十分耽憂。

憂念憤懣，使祖逖成病。在公元三二一年九月，祖逖死在雍丘（今河南杞縣）駐地，享年五十六歲。

豫州人民對於祖逖的死，非常悲痛，很多地方為祖逖建立祠堂。唐朝大詩人杜甫有兩句詩，是悼念諸葛亮的：

出師未捷身先死，
長使英雄淚滿襟。

這兩句詩，現在我們正可以移用過來悼念祖逖。

注釋：

① 司州指河南滎澤一帶，兗州指山東范縣一帶，并州指山西太原一帶，雍州指陝西長安一帶，冀州指河北高邑縣一帶。

責任編輯　梅　林
書籍設計　林　溪
責任校對　江蓉甬
排　　版　高向明
印　　務　馮政光

書　　名　祖逖北伐
叢 書 名　大家歷史小叢書
作　　者　何茲全
出　　版　香港中和出版有限公司
Hong Kong Open Page Publishing Co., Ltd.
香港北角英皇道四九九號北角工業大廈十八樓
http://www.hkopenpage.com
http://www.facebook.com/hkopenpage
http://weibo.com/hkopenpage
Email:info@hkopenpage.com
香港發行　香港聯合書刊物流有限公司
香港新界荃灣德士古道二二〇－二四八號荃灣工業中心十六樓
印　　刷　美雅印刷製本有限公司
香港九龍官塘榮業街六號海濱工業大廈四字樓
版　　次　二〇二一年二月香港第一版第一次印刷
規　　格　三十二開（128mm×188mm）五十六面
國際書號　ISBN 978-988-8694-31-0